RÉPUBLIQUE FRANÇAISE

RÈGLEMENT ET TARIF

DE

L'OCTROI

DE LA

VILLE DE VERDUN

pour les Années 1922 à 1926 inclus

Modifié par Délibération Municipale en date des 8 Juillet
et 1er Novembre 1921.
Approuvé par M. le Préfet de la Meuse en date
du 28 Décembre 1921.

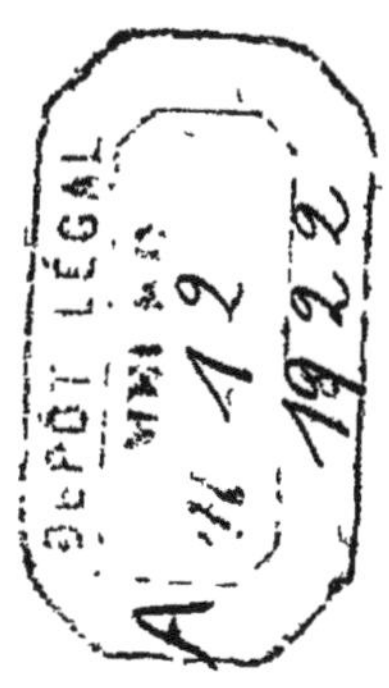

VERDUN

IMPRIMERIE ET LIBRAIRIE R. MARCHAL
6, Rue Beaurepaire, 6

RÈGLEMENT ET TARIF

DE

L'OCTROI

DE LA

VILLE DE VERDUN

pour les Années 1922 à 1926 inclus

Modifié par Délibération Municipale en date des 8 Juillet
et 1er Novembre 1921.
Approuvé par M. le Préfet de la Meuse en date
du 28 Décembre 1921.

VERDUN

IMPRIMERIE ET LIBRAIRIE R. MARCHAL

6, Rue Beaurepaire, 6

DÉPARTEMENT
de la
MEUSE

ARRONDISSEMENT
de
VERDUN

COMMUNE
de
VERDUN

Population totale 11.175
Population agglo-
    mérée....... 10.599
Population muni-
  -cipale soumi-
  se à l'octroi.. 10.531

RÈGLEMENT
DE
L'OCTROI
DE LA
Ville de Verdun

CHAPITRE PREMIER.

§ 1. — De la Perception.

ARTICLE PREMIER

L'Octroi municipal et de bienfaisance établi dans la commune de Verdun, département de la Meuse, sera perçu conformément au tarif ci-annexé, et d'après les dispositions du présent Règlement.

La Perception se fera sur tous les objets compris au Tarif et sur tous les consommateurs, sans aucune exception.

La surveillance immédiate de l'Octroi appartient au Maire, sous l'autorité de l'Administration supérieure.

La surveillance générale sera exercée par la Régie des Contributions indirectes.

ARTICLE 2

Le rayon de l'Octroi comprendra : la Ville, les faubourgs du Pavé, de Glorieux, de Jardin-Fontaine et leurs dépendances renfermées dans les limites déterminées ci-après.

Partant du pont de la Galavaude, la ligne périmétrique suit du côté de la commune de Belleville jusqu'à sa rencontre avec l'Hôpital militaire, la limite du territoire, laquelle occupe d'abord l'axe de la route stratégique n° 11 (avenue Miribel), s'en écarte à gauche à l'approche du Biguenel pour prendre la direction Nord-Est. De l'Hôpital Militaire, dont elle longe une partie du mur d'enceinte Sud-Sud-Est, la ligne emprunte le chemin dit « Sous les Bouillères ». le chemin de Fleury et va aboutir sur la route d'Etain, route nationale n° 18.

De ce point, obliquant vers l'Est, elle se dirige sur le chemin de Châtillon à l'embranchement du sentier des « Maisonnettes », elle suit l'axe du dit chemin jusqu'à son intersection au lieu dit « Au bas des Planchettes », avec le chemin de fer militaire ; elle se continue sur la rive gauche de cette voie jusqu'à sa rencontre avec le chemin de « La Carafiole » dont elle prend l'axe jusqu'au delà de sa réunion avec les chemins « Du Clou » et « Du Dragon » pour aboutir, en passant entre les parcelles nos 1.367 et 1.368 de la section D, sur la route de Metz.

De cet endroit, prenant l'axe de la route qu'elle suit sur une longueur de 60 mètres dans la direction Nord, la ligne périmétrique, confondue avec la limite de l'agglomération aux lieux dits « A la Garde de Dieu » et « A mon plaisir », longe au Sud-Est les parcelles nos 1.592, 1587, 535 à 537, 567 ; suit l'axe de l'ancien sentier de Belleray jusqu'à l'extrémité de la parcelle n° 577 qu'elle contourne, ainsi que les suivantes nos 573, 584 à 589 de la section C, pour rejoindre le chemin vicinal n° 15 à 30 mètres de l'angle Nord-Ouest du terrain militaire des quartiers Villars.

De là, la ligne se dirige par une oblique Sud-Ouest entre les parcelles nos 644 et 645, traverse le chemin dit « la ruelle de Monjardin », se continue par une ligne droite sur l'angle de la parcelle n° 697, longe la clôture Sud de cette propriété et celle de la parcelle n° 756, et, par une direction Nord-Ouest, va rejoindre entre les limites des parcelles nos 672, 673, le chemin de Grouzeau qu'elle suit jusqu'à la propriété Holvec qu'elle englobe pour ensuite aboutir au canal.

Du canal, la ligne périmétrique, inclinant légèrement au Nord-Ouest, va rejoindre l'angle formé par l'ancienne route de Bar-le-Duc et le chemin vicinal stratégique n° 5, suit le chemin jusqu'à l'angle Sud-Ouest de la propriété Jacquemin, parcelle n° 2.211 de la section B, se continue par une ligne droite aboutissant sur la route nationale n° 3, à l'extrémité de la propriété. dans laquelle se trouve la maison connue sous le nom de « Californie », traverse le lieu dit « Le Pré Neuf », passe sur l'ancienne route de Paris, près le pont au bas de la côte de Blâmont, et, par une ligne oblique Nord-Est, va aboutir sur l'extrémité du chemin dit « des Fins de Thierville » à l'angle de la parcelle n° 895, section B.

De ce point, la ligne périmétrique, suivant exactement la limite du territoire du côté de la commune de Thierville, prend le dit chemin, passe par le chemin de Glorieux à Jardin-Fontaine, faisant un angle droit, elle suit la route de Varennes jusqu'au delà du Parc d'Artillerie, prend le chemin qui contourne à l'Ouest et au Nord le champ de manœuvre, quitte ce chemin, et, par une ligne brisée, va rejoindre la voie ferrée de Verdun à Metz pour ensuite se diriger au bas du talus du chemin de fer, en aval du pont sur le bord de la Meuse.

Prenant alors le milieu de la Meuse qui forme la limite entre la commune de Verdun et celle de Belleville, la ligne périmétrique vient par un angle droit, en suivant le pont de la Galavaude, rejoindre le point de départ.

Les limites seront fixées par des poteaux portant cette inscription : OCTROI DE VERDUN.

Ils seront placés, savoir :

1e Sur la route de Sedan, route n° 64, à son point d'intersection avec la route stratégique n° 11, avenue Miribel, à l'extrême limite de la commune ;

2e Sur le côté gauche de l'avenue Miribel, à la jonction commune de la limite du territoire et du Biguenel ;

3e Sur le chemin de la « Charronnière », à l'extrémité du territoire ;

4e Au point de jonction de la limite du territoire, du chemin de la Côte Saint-Michel et du mur d'enceinte de l'Hôpital Militaire ;

5e Sur le chemin des Bouillères, sur la face Sud-Est du mur de l'Hôpital Militaire ;

6e A l'angle formé par le chemin de Fleury et la route stratégique n° 11 ;

7e Sur la route d'Etain, route n° 18, vis-à-vis l'embranchement du chemin de Fleury ;

8e Sur le chemin de Châtillon, à l'angle du sentier des Maisonnettes ;

9e Au point d'intersection du chemin de Châtillon et du chemin de fer militaire ;

10e Sur le chemin du « Briolet », à sa rencontre avec le chemin de fer militaire ;

11e Sur le chemin de la « Carafiole », à l'angle formé par le chemin de fer militaire ;

12e Au point commun de réunion des chemins « Du Clou » et « Du Dragon », à l'extrémité de la limite des parcelles nos 1.367-1.368 ;

13e Sur la route de Metz, côté Est, à 180 mètres de l'angle formé par le chemin vicinal no 15 ;

14e Sur l'ancien chemin d'Haudainville, côté Est, à 115 mètres de son embranchement sur le dit chemin no 15 ;

15e Sur l'ancien sentier de Belleray, à 150 mètres de son embranchement sur le chemin no 15 ;

16e Sur le chemin vicinal no 15. de Verdun à Belleray, à 30 mètres en avant de l'angle Nord-Ouest du terrain militaire des quartiers Villars ;

17e Sur le chemin dit « La ruelle de Monjardin », sur la ligne séparative des parcelles nos 644-645 ;

18e A l'angle Sud de la parcelle no 697 de la section C au lieu dit « A Monjardin » :

19e Sur le chemin de « Grouzeau », vis-à-vis la limite des parcelles nos 672-673 ;

20e Sur le canal, dans la ligne de projection dudit chemin de « Grouzeau ;

21e A l'angle formé par l'ancienne route de Bar-le-Duc et le chemin vicinal stratégique no 5, près la clôture de la parcelle no 2.126 de la section B ;

22e Sur le chemin de « Saint-Barthélemy », chemin vicinal stratégique no 5, à l'angle Sud-Ouest de la parcelle no 2.211 ;

23e Sur le chemin « Sous Cendrousse », à son point d'intersection sur la ligne périmétrique ;

24e Sur la route nationale no 3, à l'extrémité de la propriété dite « La Californie » ;

25e Sur l'ancienne route de Paris, près le pont, au bas de la côte de Blâmont ;

26e Sur le chemin des « Hayevaux », à son point d'intersection avec la ligne tirée du poteau précédent au poteau suivant ;

27e Sur la limite du territoire, à l'extrémité du chemin

des « Fins de Thierville », près la parcelle n° 895 de la section B, à l'angle formé par le sentier descendant au lieu dit « Le Bassinet » ;

28ᵉ Sur la limite du territoire qui se confond avec le chemin de Glorieux à Jardin-Fontaine sur l'extrémité de la ligne séparative des parcelles nᵒˢ 1.324-1325 ;

29ᵉ A l'angle formé par le chemin de Glorieux et la route de Varennes, à la limite du territoire ;

30ᵉ A l'angle Sud Ouest du champ de manœuvre, à la limite du territoire ;

31ᵉ A l'angle Nord-Ouest du champ de manœuvre, à la limite du territoire ;

32ᵉ A l'angle Nord-Est du champ de manœuvre, à la limite du territoire ;

33ᵉ Au bas du talus du chemin de fer, en aval du pont sur le bord de la Meuse.

ARTICLE 3.

Les déclarations et la recette des droits se feront aux bureaux ci-après désignés. savoir .

1° Bureaux des Gares (voyageurs et marchandises) ;

2° Bureau de la Galavaude, près du poteau n° 1 ;

3° Bureau de la route d'Etain, en face le chemin de Fleury, près du poteau n° 7 ;

4° Bureau de St-Victor. en dehors des fortifications, à proximité du point de croisement des routes nationales n° 3 et n° 4 du chemin vicinal n° 15 ;

5° Bureau de Secours, en dehors des fortifications, à la bifurcation du chemin stratégique du pré l'Evêque avec le chemin de grande communication n° 34 :

6° Bureau du Champ de Mars, à l'angle formé par la route de Paris, route nationale n° 3 et la route de Varennes ;

7° Bureau de Glorieux, rue de la Scance :

8° Bureau de l'Abattoir, pour la perception des animaux vivants qui sont introduits pour être abattus.

Il y aura, en outre, à la Mairie, un Bureau central pour la déclaration du transit et de l'entrepôt et la perception des objets fabriqués, préparés ou récoltés dans l'intérieur et pour ceux provenant des entrepôts.

De plus, un Bureau de surveillance sera établi près de l'écluse Saint-Nicolas, mais aucune déclaration ne sera reçue à ce bureau, toute entrée par voie de terre d'objets assujettis aux droits y étaut interdite.

Ces bureaux seront indiqués par un tableau portant ces mots : BUREAU DE L'OCTROI. Ils seront ouverts tous les jours.

1° En ce qui concerne les droits du Trésor, pendant les mois de janvier, février, novembre et décembre, depuis sept heures du matin jusqu'à six heures du soir ; pendant les mois de mars, avril, septembre, octobre, depuis six heures du matin jusqu'à sept heures du soir ; et pendant les mois de mai, juin, juillet et août, depuis cinq heures du matin jusqu'à huit heures du soir, conformément à l'article 26 de la loi du 28 avril 1816 ;

2° En ce qui concerne les objets soumis à l'Octroi : 1° les bureaux des Gares, d'accord avec les heures des trains de voyageurs, soit le matin, soit le soir ; 2° les autres bureaux d'entrée pendant les mois de janvier, février, mars, novembre et décembre, depuis six heures du matin jusqu'à sept heures du soir ; pendant les mois d'avril, septembre et octobre, de cinq heures du matin à huit heures du soir ; pendant les mois de mai, juin, juillet et août, de cinq heures du matin à neuf heures du soir.

Les présents Tarif et Règlement seront affichés dans l'intérieur et à l'extérieur desdits bureaux.

§ II. — Perception sur les Objets venant de l'Extérieur.

ARTICLE 4.

Tout porteur ou conducteur d'objets assujettis aux droits d'Octroi sera tenu, avant de les introduire, d'en faire la déclaration au bureau ; de produire les congés, acquits-à-caution, passavants, ainsi que les lettres de voiture, connaissements, chartes parties ou toutes expéditions qui les accompagnent, et d'acquitter les droits si les objets sont destinés à la consommation du lieu, sous peine de la confiscation desdits objets et d'une amende de 100 à 200 francs.

Toute déclaration devra indiquer la nature, la quantité, le poids et le nombre des objets introduits.

ARTICLE 5.

Après la déclaration, les Préposés pourront faire toutes les recherches, visites et vérifications nécessaires pour en constater l'exactitude. Les conducteurs seront tenus de souffrir et même de faciliter toutes les opérations relatives auxdites vérifications.

Tout objet soumis à l'Octroi qui, nonobstant l'interpellation faite par les Préposés, serait introduit sans avoir été déclaré, ou sur une déclaration fausse, sera saisi ; les voitures, chevaux et autres moyens de transport seront également saisis, à défaut par les contrevenants de consigner le maximum de l'amende prononcée par l'article précédent, ou de fournir caution valable.

ARTICLE 6.

Il est défendu aux Employés, sous peine de destitution et de tous dommages-intérêts, de faire usage de la sonde dans la visite des malles, caisses et ballots annoncés contenir des étoffes. linges et autres objets susceptibles d'être endommagés.

Dans ce cas, comme dans tous ceux où le contenu des caisses et ballots serait inconnu et ne pourrait être vérifié immédiatement. la vérification en sera faite dans les emplacements à ce destinés et déterminés par l'autorité locale.

ARTICLE 7.

L'introduction ou la tentative d'introduction, dans le rayon de l'Octroi, d'objets soumis aux droits, à l'aide d'ustensiles préparés ou de moyens disposés pour la fraude, donnera lieu à l'arrestation du porteur ou conducteur desdits objets ; cette arrestation pourra être opérée par les Préposés de l'Octroi.

ARTICLE 8.

Lorsque, en vertu de l'article précédent, les Préposés auront arrêté et constitué prisonnier un fraudeur, ils seront tenus de le conduire sur-le-champ devant un Officier de police judiciaire, ou de le remettre à la force armée, qui le conduira devant le Juge compétent, lequel statuera de suite, par décision motivée, sur l'emprisonnement ou la mise en liberté du prévenu.

Néanmoins, celui-ci sera immédiatement mis en liberté, s'il offre bonne et suffisante caution de se présenter en justice et d'acquitter l'amende encourue, ou s'il consigne ladite amende.

ARTICLE 9.

Les objets compris au Tarif, dont l'introduction se fera par terre, ne pourront entrer dans le rayon de l'Octroi, déterminé par le Règlement, que par la route de Sedan, le chemin de Fleury, chemin d'intérêt commun n° 12 se dirigeant sur la route d'Etain, la route d'Etain, la route de Metz ou de Neufchâteau, la route de Saint-Mihiel par Dugny, la nouvelle route et l'ancienne route de Paris et la route de Varennes, et devront être déclarés au bureau le plus voisin du point d'introduction aussitôt leur arrivée.

Les objets arrivant par voie ferrée ne pourront être déchargés qu'après la déclaration préalable prévue par l'article 4 et après vérification sur wagon, ou s'il y a impossibilité, sur les quais, dans les halles, bureaux et autres dépendances au moment du déchargement.

Les objets arrivant par eau devront être conduits directement le plus près possible des bureaux de l'Octroi, leur stationnement ou déchargement ne pourra avoir lieu qu'après une déclaration préalable faite au bureau le plus rapproché du point de stationnement ou du déchargement et qu'après que la vérification en aura été faite par les agents de l'Octroi.

Cette première déclaration à la charge du voiturier, de la Compagnie de chemin de fer ou du batelier, ne dispense pas les porteurs ou conducteurs d'objets soumis aux droits, de faire au moment de la sortie de la gare ou du passage devant le bureau, une déclaration exacte afférente à chaque chargement introduit en ville ou dans les faubourgs ou devant traverser le rayon.

Tout stationnement sans déclaration ou tout déchargement effectué ou commencé hors de la présence des Employés sera considéré comme un refus d'exercice, et les peines prononcées par l'article 80 du Règlement seront applicables aux contrevenants.

ARTICLE 10.

Les introductions d'objets tarifés par d'autres voies ou à d'autres heures que celles indiquées au présent Règlement seront réputées frauduleuses et punies comme telles.

Néanmoins, les objets soumis arrivant dans les gares de Verdun ou par bateau, qui ne seront pas déchargés, seront considérés comme étant en cours de transport.

ARTICLE 11.

Les habitants des faubourgs et toute autre personne ayant des bâtiments, dépôts, magasins, à l'extérieur des bureaux de perception, mais compris dans l'enceinte du rayon de l'Octroi, ne pourront y faire stationner, décharger ou entrer aucun objet soumis aux droits avant d'en avoir fait la déclaration au bureau le plus voisin ou d'en avoir acquitté ou consigné les droits.

ARTICLE 12.

Ces contribuables ou tout autre introducteur ne pourront entrer dans le lieu principal aucun des objets désignés dans le Tarif annexé au présent Règlement sous prétexte d'en avoir déjà acquitté le droit, à moins qu'il ne soit préalablement justifié, par l'identité des objets, que les droits ont été réellement acquittés antérieurement ; dans ce cas l'introduction aura lieu en franchise du droit.

ARTICLE 13.

Les objets compris au Tarif et que l'on ferait sortir du lieu principal pour être conduits et déposés à l'extérieur des bureaux de perception, mais dans l'enceinte du rayon de l'Octroi, ne pourront y rentrer en franchise, qu'après que leur identité parfaite aura été reconnue.

ARTICLE 14.

Tout conducteur d'embarcation, naviguant soit de jour, soit de nuit, devra s'arrêter sur la simple réquisition des employés, afin que ceux-ci puissent l'aborder et procéder à la vérification des embarcations.

Tout refus d'arrêter et de permettre la vérification sera constaté par un procès-verbal et donnera lieu aux amendes et aux peines encourues pour refus d'exercice et de vérification.

§ III. — Perception sur les Objets de l'Intérieur.

ARTICLE 15.

Toute personne qui récolte, prépare ou fabrique, dans l'intérieur du rayon de l'Octroi, des objets compris au Tarif, est tenue sous peine de la confiscation des objets récoltés, préparés ou fabriqués, et d'une amende de 100 à 200 francs, d'en faire la déclaration et, si elle ne réclame la faculté de l'entrepôt d'acquitter immédiatement le droit.

Ladite déclaration sera faite de la manière ci-dessous indiquée.

Dans l'intérieur de la ville, elle aura lieu au Bureau central pour les objets extraits ou récoltés avant l'enlèvement du lieu d'extraction ou de récolte ; et pour les objets fabriqués ou préparés, avant la fabrication ou la préparation.

Au bureau de l'Abattoir pour les accrues de bestiaux, dans les quarante-huit heures de leur naissance.

A l'extérieur, elle se fera au bureau le plus proche du lieu d'extraction, de production ou de fabrication.

Les Préposés de l'Octroi reconnaîtront à domicile, les quantités récoltées, préparées ou fabriquées et feront toutes les vérifications nécessaires pour prévenir la fraude.

ARTICLE 16.

Les animaux destinés à être abattus seront, s'il y a lieu, marqués au feu au moment de leur introduction. Ceux qu'on introduira morts, ou qu'on abattra dans l'intérieur des limites, seront marqués au noir sur les extrémités des quartiers On ne pourra, dans l'un et l'autre cas, se servir d'autres marques que celles déterminées par le Maire.

CHAPITRE II.

§ 1er. — Du Passe-debout des Objets non sujets aux droits du Trésor.

ARTICLE 17.

Le conducteur d'objets soumis à l'Octroi, qui voudra traverser seulement la commune, ou y séjourner moins de vingt-quatre heures, sera tenu de se munir d'un passe-debout.

ARTICLE 18.

Pour jouir de l'exemption résultant du passe-debout, les propriétaires, conducteurs ou porteurs d'objets portés au Tarif, seront tenus de faire les déclarations prescrites par l'article 4 et d'indiquer, en outre, le lieu du départ et celui de la destination.

ARTICLE 19.

Les droits seront consignés ou cautionnés. Ces droits seront rendus ou la caution déchargée lorsqu'il aura été justifié de la sortie des objets. Lorsqu'il sera possible de faire escorter les chargements, le conducteur pourra être dispensé de consigner ou de cautionner les droits, mais il devra acquitter les frais d'escorte qui sont réglés de la manière suivante :

Pour chaque voiture ou chargement...... 0 fr. 40.

Pour chaque troupeau de bœufs, moutons, au-dessous de 25 têtes.......................... 0 fr. 40.

Pour chaque troupeau de même nature se composant d'un nombre plus considérable.. 1 franc.

Afin que le service ordinaire ne souffre pas, l'escorte ne pourra être exigée qu'autant que le nombre des employés présents au bureau le permettra.

Le produit de la rétribution d'escorte fera partie de la recette de l'Octroi et sera porté sur un registre à ce destiné, coté et paraphé à cet effet par le Maire.

ARTICLE 20.

En cas de stationnement dans la commune au delà du temps nécessaire pour la traverser, le conducteur sera tenu d'en faire la déclaration au moment de l'introduction, d'indiquer le lieu où les objets transportés resteront en station et de consigner ou faire cautionner les droits. Les Employés s'assureront s'il n'est pas fait de déchargement partiel pendant le stationnement.

ARTICLE 21.

Si la vente de tout ou partie des objets en passe-debout avait lieu dans le délai fixé, il en serait fait déclaration au bureau de l'Octroi préalablement au déchargement et les droits seraient acquittés avant l'introduction à domicile, sous peine de la confiscation et de l'amende prononcée par l'article 4.

ARTICLE 22.

Toute substitution et toute altération faite dans la nature ou l'espèce des objets en passe-debout ou en transit, pendant la durée du séjour, fera encourir au contrevenant une amende de 100 à 200 francs et entraînera, en outre, la confiscation des objets représentés et le payement d'une somme égale à la différence de leur valeur avec celle des objets reconnus à l'entrée, laquelle sera déterminée d'après le prix moyen dans le lieu sujet.

ARTICLE 23.

Les caisses et ballots accompagnés d'acquits-à-caution, et portant les plombs et marques des Contributions indirectes ou des Douanes, sont affranchis des visites et vérifications, si les plombs et marques sont reconnus sains et entiers, et dans le cas seulement où les objets resteront sous la surveillance des Employés.

ARTICLE 24.

Dans le cas où, par force majeure ou par accident reconnu par les autorités locales, un conducteur sera retenu dans le rayon de l'Octroi au dela du délai fixé, le passe-debout sera, sur sa déclaration, converti en transit, et les objets seront mis sous la surveillance des Préposés de l'Octroi jusqu'à leur sortie. Les frais de loyer ou de garde, s'il y en a, seront à la charge des déclarants.

ARTICLE 25.

En cas de changement de moyens de transport ayant pour effet de rendre plus difficile la vérification à la sortie des objets introduits sur passe-debout, les Employés devront être appelés.

§ II. — Du Transit des Objets non soumis aux droits du Trésor.

ARTICLE 26.

Les déclarations et formalités prescrites pour les objets en passe-debout (excepté en ce qui concerne l'escorte) auront également lieu pour le transit. Les droits seront consignés ou cautionnés. Les objets admis en transit resteront sous la surveillance des Préposés jusqu'au moment du départ.

ARTICLE 27.

La durée du transit est fixée à trois jours. Nulle prolongation au delà de ce terme ne peut avoir lieu que sur l'autorisation du Maire, d'après l'avis du Préposé principal de l'Octroi, et dans le cas d'une nécessité dûment constatée.

ARTICLE 28.

Les droits seront restitués ou la caution déchargée au moment de la sortie. S'il n'était représenté qu'une portion des objets introduits, les droits seraient acquis sur la portion non représentée, à moins toutefois que la vente n'en eût été faite à un entrepositaire, et les objets pris en charge à son compte.

ARTICLE 29.

Les objets amenés aux foires et marchés sont assujettis à toutes les formalités du transit.

Vingt-quatre heures après le délai fixé par l'article 27, ou après l'expiration des foires et marchés, les droits consignés seront définitivement acquis à l'Octroi, s'il n'a pas été justifié de la sortie des objets.

ARTICLE 30.

Les bœufs, taureaux et vaches amenés dans le rayon de l'Octroi les jours de foire pour y être exposés en vente, seront exempts de toute déclaration à l'entrée, mais ils devront être conduits directement sur le champ de foire, sans entrer dans aucune grange, écurie et autres lieux fermés.

Les Préposés en surveilleront la vente, et les propriétaires, bouchers et particuliers, entrepositaires ou non, qui en auront acheté, seront tenus, sous peine de confiscation et de l'amende prononcée par l'article 4, d'en faire la déclaration au bureau ; de produire les congés, préalablement à l'introduction dans les granges, écuries et autres lieux fermés. Si les bestiaux sont destinés à être dirigés sur l'abattoir, les propriétaires seront tenus d'acquitter immédiatement le droit d'octroi, faute de quoi tout abatage sera réputé conséquence d'une introduction frauduleuse et puni comme telle de la confiscation et de l'amende déterminée par l'article 4.

ARTICLE 31.

Les droits à consigner pour les bestiaux introduits sur passe-debout dans le rayon de l'Octroi, ou ceux à acquitter par les entrepositaires en cas de manquants constatés à leur charge, sont fixés ainsi qu'il suit :

Bœufs et taureaux, par tête................ 50 francs.
Vaches et génisses, par tête............. 35 francs.
Veaux, par tête. .... 15 francs.
Moutons et brebis, par tête............... 3 francs.
Chèvres et chevreaux, par tête......... 2 francs.
Porcs, par tête...................... 8 francs.
Sangliers, par tête..................... 15 francs.

Agneaux et cochons de lait non amenés
au marché, par tête................... 0 fr. 90.

Les bestiaux supposés d'un poids devant produire un droit supérieur à la consignation, seront conduits à la bascule pour y être pesés ; après les délais fixés par les articles 17 et 27 les sommes consignées ou cautionnées seront acquises définitivement à l'Octroi, si la sortie n'est pas valablement justifiée.

ARTICLE 32.

Les objets admis en passe debout ou en transit ne pourront être remisés ni déposés, pendant la durée du séjour, qu'aux lieux indiqués par la déclaration ; ils resteront sous la surveillance des Préposés de l'Octroi jusqu'au moment du départ.

Toute contravention aux dispositions du présent article sera considéré comme opposition à l'exercice.

ARTICLE 33.

Les voitures et transports militaires chargés d'objets assujettis aux droits sont soumis aux règles ci-dessus prescrites pour le transit et le passe-debout (article 40 de l'Ordonnance du 9 décembre 1814). Toutefois, dans le cas où l'emploi de ces formalités pourrait apporter un retard nuisible, les Préposés se borneront à surveiller ou à escorter le convoi.

ARTICLE 34.

Les diligences, fourgons, fiacres, cabriolets et autres voitures de louage sont soumis aux visites des Préposés de l'Octroi.

Il en est de même des voitures particulières suspendues ou non suspendues.

ARTICLE 35.

Les individus voyageant à pied ou à cheval ne pourront être arrêtés, questionnés ou visités sur leur personne, ni à raison de leurs effets

Tout acte contraire à. la présente disposition sera réputé acte de violence, et les Préposés qui s'en rendront coupables seront poursuivis correctionnellement et punis des peines prononcées par les lois. Tout individu soupçonné de faire la fraude à la faveur de cette exception pourra être conduit devant un Officier de police ou devant le Maire. pour y être interrogé et la visite de ses effets autorisée, s'il y a lieu.

ARTICLE 36.

Les courriers ne pourront être arrêtés à leur passage, sous prétexte de la perception ; mais ils seront tenus d'acquitter les droits sur les objets soumis à l'Octroi qu'ils introduiraient pour être consommés dans la localité : à cet effet, les Préposés de l'Octroi seront autorisés à assister au déchargement des malles.

ARTICLE 37.

Les particuliers qui auront négligé de faire constater, à leur passage devant le bureau, la sortie des objets introduits. des bestiaux venant du marché ou des denrées expédiées de chez les entrepositaires, dans le délai fixé au passe-debout ou au bulletin d'enlèvement ne pourront, sous aucun prétexte, être admis à le faire constater plus tard.

§ III. — Des Bestiaux entretenus dans le rayon de l'Octroi.

ARTICLE 38.

Les propriétaires de bestiaux entretenus dans le rayon de l'Octroi devront faire leur déclaration au bureau. Il leur sera délivré un permis de circulation indicatif du nombre, de l'espèce et du lieu de passage affecté à la sortie et à la rentrée de ces animaux. Ceux qui seraient introduits au delà du nombre fixé par le permis, et sans déclaration préalable, seront saisis.

ARTICLE 39.

Les propriétaires des bestiaux dont il s'agit souffriront les visites et exercices des Préposés de l'Octroi dans leurs étables et bergeries. Il sera fait inventaire de leurs bestiaux, lequel sera suivi de recensements aux époques déterminées par le Maire.

ARTICLE 40.

Ils sont aussi tenus de déclarer d'avance le nombre et l'espèce des animaux qu'ils livreront aux bouchers et charcutiers, ceux qu'ils feront venir du dehors pour les remplacer, et ceux qu'ils abattront pour leur consommation personnelle.

Ils déclareront également toute diminution ou augmentation dans le nombre de leurs bestiaux, et pour quelque cause que ce soit.

ARTICLE 41.

Les bestiaux morts naturellement, ou exportés hors de la commune, ne sont passibles d'aucun droit. Il sera fait déclaration des premiers dans le jour de la mort, et des seconds préalablement à leur exportation. Ces déclarations seront vérifiées par les Préposés. A l'époque des recensements. les propriétaires sont tenus d'acquitter les droits pour les bestiaux reconnus manquant à leur charge.

§ IV. — Entrepôt à domicile des objets non soumis aux droits d'entrée du Trésor.

ARTICLE 42.

Les propriétaires et commerçants sont, en justifiant de leur qualité et en présentant une caution solvable, ou en effectuant le versement d'un cautionnement dont le montant est déterminé par le Maire, après avis du Préposé en Chef, admis à recevoir chez eux et dans leurs magasins, à titre d'entrepôt, et sans acquittement préalable des droits, les marchandises soumises à l'Octroi.

La déclaration de cautionnement s'applique à une période complète annuelle allant du 1er janvier au 31 décembre de chaque année. En ce qui concerne les nouveaux entrepositaires, elle est relative à la période allant du jour de l'ouverture de l'entrepôt jusqu'au 31 décembre de l'année au cours de laquelle cette ouverture a eu lieu.

Au cas où la caution deviendrait notoirement insolvable dans le courant d'une année, il appartiendrait au Maire d'en exiger une nouvelle. D'autre part, si le montant des droits afférents au stock en magasin dépassait la somme indiquée à l'acte de cautionnement, et si la caution fournie par l'entrepositaire était jugée insuffisante pour garantir le surplus des droits, l'intéressé devrait présenter une seconde caution, faute de quoi le crédit des droits lui serait retiré.

A défaut de caution solvable, l'entrepositaire peut présenter un cautionnement, soit en numéraire, soit en titres de rente ou de valeurs françaises de tout repos (obligations des Villes, du Crédit Foncier de France ou de grandes Compagnies de chemins de fer).

Numéraire ou valeurs sont déposés à la Caisse des dépôts et Consignations et affectés, en vertu d'un acte spécial, à la garantie des droits dus par l'entrepositaire.

Les admissions à la qualité d'entrepositaire seront prononcées par le Maire. Toutes les contestations qui s'élèveraient relativement à l'admission au bénéfice de l'entrepôt seront portées devant le Maire, qui prononcera, sauf recours au Préfet.

ARTICLE 43.

Sont désignés ci-après les objets admis à l'entrepôt à domicile (1). ainsi que les quantités au-dessous desquelles la faculté de l'entrepôt ne pourra être accordée, et le certificat de sortie délivré,

---

(1) Aux termes d l'article 41 de l'ordonnance, les règlements doivent déterminer les objets pour lesquels l'entrepôt est accordé D'un autre côté, il est du principe constitutif de l'Octroi que les droits ne peuvent peser que sur les objets destinés à la consommation *(articles 11 de l'ordonnance et 148 de la loi du 28 avril 1816)*. En conséquence, les Conseils municipaux ne peuvent exclure du présent article que les objets du Tarif qui, dans la localité, ne donnent pas lieu à réclamer la franchise des droits pour cause de réexportation.

SAVOIR :

Les bestiaux seront admis en toutes quantités.

DÉSIGNATION DES OBJETS ADMIS A L'ENTREPOT	MINIMA A L'ENTRÉE	MINIMA A LA SORTIE
1. Vinaigre......................	10 hectos.	50 litres.
2. Lard et graisses comestibles.......	2.000 kilogr.	25 kilogr.
3. Viandes et charcuterie............	100 id.	25 id,
4. Fromages..................	300 id.	15 id,
5. Fruits secs et conserves...........	200 id.	10 id.
6. Oranges.....................	500 id.	10 id.
7. Bois de chauffage.................	200 stères.	3 stères.
8. Charbon de bois...................	10.000 kilogr.	200 kilogr.
9. Houille et coke..	10.000 id.	500 id.
10. Huiles minérales.................	700 id.	10 id,
11. Suifs et graisses combustibles.....	500 id.	25 id.
12. Chandelles..................	500 id.	25 id.
13. Cire......................	250 id.	10 id.
14. Bougies....................	500 id.	10 id,
15. Avoines.....................	1.000 id.	200 id.
16. Bois en grume ou équarri...........	10 m. c.	250 dec. cub.
17. Bois d'œuvre...................	10 id.	250 id.
18. Ardoises, etc... Art. 62 du Tarif....	4.000 kilogr.	200 kilogr.
19. Plaques, dalles, panneaux et carreaux d'ardoises. Art. 63.........	5.000 id.	200 id,
20. Briques en terre ordinaire, etc... Article 64	20.000 id.	500 id.
21. Briques réfractaires, tuiles à emboitement, etc... Article 65......	5.000 id.	250 id.
22. Plaques, dalles, carreaux céramique, etc... Article 66.............	2.000 id.	100 id.
23. Chaux et plâtre.	2.500 id.	100 id.
24. Ciment de Portland, de Vassy, asphalte, cimentaline, plataline, métaline et ciments de toute espèce..................	2.500 id.	100 id.
25. Ciment de laitier...................	2.500 id.	100 id.
26. Fers, fonte et cuivre	2.000 id.	50 id.
27. Zinc et plomb.....................	2.000 id.	50 id.
28. Verres à vitres	2.000 id.	50 id.
29. Savons	2.000 id.	25 id.
30. Vernis, huiles siccatives, essences, benzine..................	500 id.	20 id.
31. Blanc de céruse et de zinc et autres couleurs en pâte............	500 id.	20 id.
32. Goudrons, bitumes, brai, mastics ocres et couleurs en poudre....	500 id.	20 id.
33. Sels et carbonates de soude........	1.000 id.	50 id.
34. Sable de Moselle.................	40 m. c.	1 m. cube.

Les introductions subséquentes pourront avoir lieu en toutes quantités.

Les bois d'œuvre, en grume ou équarris, déclarés en

entrepôts pour être débités ou travaillés dans l'intérieur du lieu sujet et devant ressortir de la Ville, auront à acquitter les droits d'octroi sur le déchet.

ARTICLE 44.

Les entrepositaires seront tenus de déclarer le magasin dans lequel ils entendront placer les objets pour lesquels ils réclament l'entrepôt ; ils ne pourront jouir de la même faculté dans d'autres lieux s'ils n'y sont autorisés par l'Administration, article 38 de la loi du 21 avril 1832 et circulaire n° 44 du 22 mai 1832.

ARTICLE 45.

Les combustibles et les matières premières à employer dans les établissements industriels et dans les manufactures de l'Etat sont admis à l'entrepôt à domicile.

Toutefois l'entrepôt ne sera pas accordé pour les matières premières dans le cas où la somme à percevoir à raison des quantités pour lesquelles elles entrent dans un produit industriel n'atteindrait pas 1/4 p. 0/0 de la valeur de ce produit.

Pour jouir de l'entrepôt à domicile relativement aux combustibles employés dans les établissements industriels à la préparation de produits destinés au commerce général, le soumissionnaire devra faire entrer une première fois dix mille kilogrammes au moins.

Les arrivages subséquents pourront avoir lieu en toute quantité.

Décharge sera accordée aux entrepositaires pour toutes les quantités de combustibles et de matières premières employées dans ces établissements à la préparation ou à la fabrication de produits qui ne sont frappés d'aucun droit par le tarif de l'Octroi du lieu sujet, pourvu que l'emploi ait été préalablement déclaré et qu'il en ait été justifié aux Préposés de l'Octroi chargés de l'exercice des entrepôts ; à défaut de quoi le droit sera perçu sur les quantités manquantes.

Si le produit industriel à la préparation ou à la fabrication duquel sont employés les combustibles ou les matières premières est imposé au Tarif de l'Octroi, l'entrepositaire n'en obtiendra pas moins l'affranchissement pour le combustible et la matière première employés à la fabrication. mais il payera le droit dû par les produits industriels pour ceux de ces produits qu'il ne justifiera pas avoir fait sortir du lieu sujet.

Décharge sera également accordée dans les conditions spécifiées aux paragraphes précédents aux combustibles employés dans l'exploitation des mines, à la production de la force motrice ainsi qu'aux bois, fers et matériaux de toute sorte servant au revêtement ou au soutènement des puits et galeries, pourvu toutefois que la somme à percevoir à raison des quantités pour lesquelle- ces matériaux concourront à l'exploitation atteigne un quart pour cent de la valeur du produit extrait. (1)

ARTICLE 46.

Lorsque des droits d'Octroi auront été acquittés à l'entrée pour des combustibles ou des matières premières qui, dans l'intérieur du lieu sujet, seront employés à la préparation ou à la fabrication d'un produit industriel livré à la consommation intérieure et imposable. s'il est régulièrement justifié de ce payement, le montant desdits droits sera précompté sur celui des droits dus pour le produit fabriqué.

Toutefois il n'y aura jamais lieu à remboursement d'aucune portion des droits payés à l'entrée, dans le cas où ils se trouveraient excéder ceux qui sont dus pour le produit fabriqué lui-même.

ARTICLE 47.

En aucun cas, les objets inscrits au Tarif ne pourront être soumis à des taxes différentes, à raison de ce qu'ils proviendraient de l'extérieur, ou de ce qu'ils seraient récoltés ou fabriqués dans l'intérieur du lieu sujet.

ARTICLE 48.

Ne seront soumis à aucun droit d'Octroi les approvisionnements en vivres destinés au service de l'armée

---

(1) Soit 25 centimes pour 100 francs.

de terre, ainsi que de la marine militaire ou marchande, et qui ne doivent pas être consommés dans le lieu sujet : les bois, fers, graisses, huiles et généralement toutes les matières employées pour la confection ou l'entretien du matériel de l'armée de terre, dans les constructions navales et pour la fabrication d'objets servant à la navigation, les combustibles et toutes autres matières embarquées sur les bâtiments de l'Etat et du commerce pour être consommées ou employées en mer.

Ces approvisionnements et matières seront introduits dans les magasins de la guerre, de la marine de l'Etat et de la marine marchande, de la manière prescrite pour les objets en entrepôt.

Le compte en sera suivi par les Employés et Préposés désignés à cet effet, et les droits d'Octroi ne seront dus que sur les quantités enlevées pour l'intérieur du lieu sujet et pour toute autre destination que celle qui est spécifiée ci-dessus.

ARTICLE 49.

Les charbons de terre, le coke et tous autres combustibles employés tant par l'administration de la guerre, pour la fabrication ou l'entretien du matériel de guerre et pour la confection d'objets destinés à être consommés hors du lieu sujet, que par la marine de l'Etat et par la marine marchande pour la confection d'objets destinés à la navigation, seront, comme ceux qui sont employés dans les établissements industriels pour la préparation ou la fabrication d'objets destinés au commerce général, affranchis, au moyen de l'entrepôt, du payement de tous droits d'Octroi.

ARTICLE 50.

Seront affranchis de tous droits d'Octroi au moyen de l'entrepôt dans les conditions prévues par les deux articles qui précèdent :

1º Les combustibles et matières employés dans les arsenaux et établissements industriels de la Guerre et de la Marine militaire, ainsi qu'à bord des bâtiments de la flotte ;

2º Les matériaux destinés à la construction, à la

réfection, à l'entretien et à l'aménagement. des ports militaires, fortifications, ouvrages, établissements industriels de la Guerre et de la Marine et les appareils et l'outillage en dépendant, ainsi que les matériaux des voies affectées au service des ports, fortifications, ouvrages et établissements ci-dessus désignés.

ARTICLE 51.

Les combustibles et matières destinés au service de l'exploitation des chemins de fer, aux travaux des ateliers et à la construction de la voie, seront affranchis de tous droits d'octroi.

En conséquence, les dispositions relatives à l'entrepôt à domicile des combustibles et matières premières employés dans les établissements industriels à la préparation et à la fabrication des objets destinés au commerce général sont applicables aux fers, bois, charbons, coke, graisses, huiles, et, en général, à tous les matériaux employés dans les conditions ci-dessus indiquées.

En dehors de ces conditions, tous les objets portés au Tarif qui seront consommés dans les gares, salles d'attente et bureaux, seront soumis aux taxes locales.

Les dispositions qui précèdent sont applicables aux matériaux, combustibles et matières destinés à la construction, à l'entretien et à l'exploitation des lignes télégraphiques et téléphoniques établies par l'Administration des Postes et Télégraphes, soit en régie, soit à l'entreprise, et devant rester la propriété de l'Etat.

Sont affranchis de tous droits d'octroi, au moyen de l'entrepôt, dans les conditions prévues par l'article 13 du décret du 12 février 1870 :

1º Les matériaux destinés aux travaux de construction, d'amélioration et d'entretien des routes nationales, des ports maritimes de commerce, des phares, des voies de navigation et de leurs dépendances ;

2º Les combustibles et matières destinés à l'entretien des voies et ouvrages désignés au paragraphe ci-dessus, et au fonctionnement des ponts mobiles, des portes et écluses des ports et voies de navigation des phares et balises.

ARTICLE 52.

L'abonnement annuel pourra être demandé, pour les

combustibles et matières admis à l'entrepôt, aux termes des articles 45, 48, 49, 50 et 51.

Les conditions de l'abonnement seront réglées de gré à gré entre le Maire et le redevable.

ARTICLE 53.

Les entrepositaires seront tenus de fournir aux Employés de l'Octroi et de mettre à leur disposition les hommes et les ustensiles nécessaires pour faciliter la reconnaissance et le pesage, mesurage ou jaugeage des quantités restant en entrepôt, afin que ces Préposés puissent établir le compte des droits dus sur les manquants reconnus et dont la sortie ou l'emploi n'aurait pas été justifié.

ARTICLE 54.

Si les entrepositaires refusaient de se conformer aux obligations qui leur sont imposées par l'article précédent, il serait procédé d'office, à leurs frais, aux vérifications dont il s'agit, et, outre la saisie et l'amende encourues pour le cas de fraude dûment constaté, ils seraient passibles des peines prévues par l'article 78 du présent Règlement pour le fait d'empêchement aux exercices.

ARTICLE 55.

Indépendamment des obligations ci-dessus mentionnées et des autres conditions qui leur sont imposées, lesdits entrepositaires seront tenus de diviser leurs magasins en cases régulières, d'un cubage facile et d'une contenance déterminée et de tenir groupés les objets de même nature.

ARTICLE 56.

Les conditions pour l'entrepôt sont : de faire une déclaration par écrit, au bureau de l'Octroi, avant l'entrée des objets entreposés, pour ceux venant de l'extérieur et immédiatement après la récolte ou après chaque préparation ou fabrication, pour les objets récoltés ou produits à l'intérieur du rayon de l'Octroi ; de permettre les visites et exercices des Préposés ; de leur ouvrir, à toute réquisition, les caves, magasins et autres lieux de dépôt ; et de faire, de la manière et dans les formes voulues par le présent Règlement, les déclarations d'expédition pour le dehors et pour l'intérieur.

Les industriels qui profitent de la faculté d'entrepôt pour les combustibles et les matières premières, en vertu de l'article 45 du Règlement, devront, s'ils n'ont pas obtenu l'abonnement, faire la déclaration des quantités de combustibles ou de matières premières qu'ils sont dans l'intention d'employer à cet usage. ·

ARTICLE 57.

Les détaillants ne sont pas admis à l'entrepôt à domicile ; toutefois les marchands en gros ou demi-gros pourront jouir de cette faculté alors même qu'ils feraient dans les mêmes magasins des ventes au détail.

ARTICLE 58.

Toute expédition d'objets entreposés ne pourra avoir lieu qu'aux heures indiquées par l'article 3 du présent Règlement et devra, avant l'enlèvement desdits objets, être déclarée au bureau de l'Octroi. Les droits seront acquittés sur-le-champ pour les objets destinés à la consommation locale. Quant aux objets expédiés pour l'extérieur, ils seront représentés aux Préposés de l'Octroi, lesquels, après vérification des quantités et espèces, délivreront un certificat de sortie.

ARTICLE 59.

Les Préposés de l'Octroi tiennent un compte d'entrée et de sortie des marchandises entreposées : a cet effet ils peuvent faire, à domicile, dans les magasins, chantiers, caves, celliers des entrepositaires, toutes les vérifications nécessaires pour reconnaître les objets entreposés, constater les quantités restantes, et établir le décompte des droits dus sur celles pour lesquelles il n'est pas représenté de certificat de sortie. Ces droits doivent être acquittés immédiatement par les entrepositaires, et, à défaut, il est décerné contre eux des contraintes qui sont exécutoires nonobstant opposition et sans y préjudicier.

ARTICLE 60.

Nul entrepositaire ne peut être admis à justifier d'un excédent dans ses magasins en arguant des quantités qu'il y aurait introduites avec paiement du droit, quand bien même il représenterait des quittances des droits pour ces quantités ; ces introductions doivent être, comme celles des marchandises entreposées, précédées d'une déclaration au bureau central de l'Octroi. Il en est tenu compte pour mémoire.

ARTICLE 61.

Tout refus de souffrir les visites, vérifications et exercices des Préposés de l'Octroi sera constaté par procès-verbal. Les prétextes d'absence seront réputés refus formel. Les Préposés, après avoir déclaré procès-verbal, pourront requérir l'assistance d'un Officier de police, faire ouvrir en sa présence les caves, celliers ou magasins. et procéder aux vérifications prescrites par les articles précédents.

ARTICLE 62.

La durée de l'entrepôt est illimitée.

CHAPITRE III.

Contentieux.

ARTICLE 63.

Toutes contraventions aux dispositions du présent Règlement seront constatées par des procès-verbaux, lesquels seront dressés à la requête du Maire. Ils pourront être rédigés par un seul Préposé et feront foi en justice jusqu'à preuve contraire.

ARTICLE 64.

Ils énonceront la date du jour où ils seront rédigés, la nature de la contravention, et, en cas de saisie, la déclaration qui en aura été faite au prévenu ; les noms, qualité et résidence de l'Employé verbalisant et de la personne chargée des poursuites ; l'espèce, le poids ou la mesure des objets saisis : leur évaluation approximative ; la présence de la partie à leur description, ou la sommation qui lui aura été faite d'y assister ; le nom, la qualité et l'acceptation du gardien, le lieu de la rédaction du procès-verbal et l'heure de la clôture.

ARTICLE 65.

Dans le cas où le motif de la saisie porterait sur le faux ou l'altération des expéditions, le procès-verbal énoncera le genre de faux, les altérations ou surcharges Lesdites expéditions, signées et parafées, resteront annexées au procès-verbal, qui contiendra la sommation faite à la partie de les parafer et sa réponse.

ARTICLE 66.

La saisie et la confiscation s'étendront aux futailles, caisses, enveloppes, paniers et sacs renfermant les objets en fraude ou en contravention.

ARTICLE 67.

Les objets saisis seront déposés au bureau le plus voisin. Ils pourront néanmoins, s'il y a lieu, être mis en fourrière.

ARTICLE 68.

Si la partie saisie ne s'est pas présentée dans les dix jours, à l'effet de payer ou consigner l'amende encourue, ou si elle n'a pas formé, dans le même délai, opposition à la vente, cette vente sera faite par le Receveur cinq jours après l'apposition, à la porte de la mairie et autres lieux accoutumés, d'une affiche signée de lui, et sans aucune autre formalité.

ARTICLE 69.

Néanmoins, si la vente des objets saisis est retardée, l'opposition pourra être formée jusqu'au jour indiqué pour ladite vente. L'opposition sera motivée et contiendra assignation à jour fixe devant le tribunal correctionnel, avec élection de domicile dans le lieu où siège le tribunal. Le délai de l'assignation ne pourra excéder trois jours.

ARTICLE 70.

Dans le cas où les objets saisis seraient sujets à dépérissement, la vente pourra être autorisée, avant l'échéance des délais ci-dessus fixés, par une simple ordonnance du Juge de paix, sur requête.

ARTICLE 71.

L'action résultant des procès-verbaux en matière d'octroi, et les questions qui pourront naître de la défense du prévenu, seront de la compétence exclusive du tribunal correctionnel.

ARTICLE 72.

En cas de nullité du procès-verbal, et si la contravention se trouve suffisamment établie par d'autres preuves ou par l'instruction, la confiscation des objets saisis ne sera pas moins encourue.

ARTICLE 73.

Le Maire sera autorisé, sauf l'approbation du Préfet, à faire remise, par voie de transaction, de la totalité ou de partie des condamnations encourues, même après le jugement rendu.

ARTICLE 74.

Toutes les fois que la saisie aura été opérée dans l'intérêt commun des droits d'Octroi et des droits imposés au profit du Trésor, le procès-verbal devra être rédigé à la requête du Directeur des Contributions indirectes. A cet Employé supérieur appartiendra aussi, dans ce cas, le droit d'intenter les poursuites et de transiger d'après les règles propres à son administration.

ARTICLE 75.

Le produit des amendes et confiscations pour contraventions au Règlement de l'Octroi, déduction faite des frais et prélèvements autorisés, sera attribué, moitié aux Employès de l'Octroi, pour être répartie d'après le mode qui sera arrêté, et moitié à la commune.

ARTICLE 76.

S'il s'élève une contestation sur l'application du Tarif ou sur la quotité du droit réclamé, le porteur ou conducteur sera tenu de consigner, avant tout, le droit exigé entre les mains du Receveur ; faute de quoi il ne pourra passer outre ni introduire l'objet qui aura donné lieu à la contestation, sauf à lui à se pourvoir devant le Juge de paix du canton. Il ne pourra être entendu qu'en représentant la quittance de ladite consignation au Juge de paix, lequel prononcera sommairement et sans frais, soit en dernier ressort, lorsque la somme demandée ne s'élèvera pas au-dessus de 300 francs, soit à la charge d'appel pour les autres affaires.

ARTICLE 77.

Les contraintes pour les recouvrements des droits d'Octroi seront décernées par le Receveur, visées par le Maire, et rendues exécutoires par le Juge de paix.

Les oppositions auxdites contraintes seront instruites et jugées conformément aux dispositions prescrites par l'article précédent, et la partie opposante sera également tenue de justifier, avant d'être entendue, de la consignation entre les mains du Receveur du montant de la somme contestée.

ARTICLE 78.

Toute personne qui s'opposera à l'exercice des fonctions des Préposés de l'Octroi sera condamnée à une amende de 50 francs, indépendamment de la confiscation des objets saisis, lorsqu'il y aura lieu, et d'une amende de 100 à 200 francs prononcée pour le cas de fraude.

En cas de voies de fait, il en sera dressé procès-verbal, qui sera envoyé au Procureur de la République pour en poursuivre les auteurs, et leur faire infliger les peines portées par le Code pénal contre ceux qui s'opposent avec violence à l'exercice des fonctions publiques.

<h3 style="text-align:center">ARTICLE 79.</h3>

Les propriétaires de tous objets compris au Tarif sont responsables du fait de leurs facteurs, agents et domestiques, en ce qui concerne les droits, confiscations, amendes et dépens, lorsque la contravention aura été commise dans les fonctions auxquelles ils auront été employés par leurs maîtres, conformément à l'article 1384 du Code civil.

Les pères, mères ou tuteurs seront garants des faits de leurs enfants ou pupilles mineurs non émancipés et demeurant chez eux.

Seront également responsables les propriétaires ou principaux locataires, relativement à la fraude qui se commettrait dans leurs maisons, clos, jardins et autres lieux par eux personnellement occupés, s'ils sont convaincus de l'avoir favorisée ou d'y avoir participé.

<h2 style="text-align:center">CHAPITRE IV.</h2>

<h3 style="text-align:center">Personnel.</h3>

<h3 style="text-align:center">ARTICLE 80.</h3>

Quel que soit le mode de perception, toutes personnes dirigeant l'Octroi seront tenues de permettre le concours des Employés des Contributions indirectes dans tous

les cas où il doit avoir lieu, de leur laisser faire les vérifications et opérations relatives à leur service, et de
leur donner communication de tous états, bordereaux
et renseignements dont ils auront besoin.

ARTICLE 81.

Les Préposés de l'Octroi seront tenus, sous peine de
destitution, d'exiger de tout conducteur d'objets soumis
aux Contributions indirectes la représentation des
congés, passavants, acquits-à-caution, lettres de voiture
et autres expéditions ; de vérifier les chargements ; de
rapporter procès-verbal des fraudes ou contraventions
qu'ils découvriront ; de concourir au service des Contributions indirectes toutes les fois qu'ils en seront requis,
sans toutefois pouvoir être déplacés de leur service
ordinaire ; enfin, de remettre chaque jour à l'Employé
supérieur des Contributions indirectes un relevé des
objets soumis aux droits du Trésor qui auront été
introduits.

Les Employés des Contributions indirectes concourront également à la surveillance du service de l'Octroi,
et rapporteront procès-verbal pour les fraudes et contraventions relatives aux droits d'Octroi qu'ils découvriront.

ARTICLE 82.

Les Préposés de l'Octroi se serviront, pour constater
le volume et le degré des liquides, des instruments dont
les Employés des Contributions indirectes font usage.

ARTICLE 83.

Les Préposés de l'Octroi devront toujours être porteurs de leur commission, et seront tenus de la repré-
senter lorsqu'ils en seront requis.

ARTICLE 84.

Le port d'armes est accordé aux Préposés de l'Octroi
dans l'exercice de leurs fonctions. Ceux qui abuseraient
de cette faculté seront destitués, sans préjudice des
poursuites judiciaires auxquelles ils auront donné lieu.

ARTICLE 85.

Les Préposés de l'Octroi ne pourront ni faire le commerce des objets tarifés, ni s'intéresser à ce commerce, soit comme associés, soit comme bailleurs de fonds ou commanditaires.

Tout Préposé qui favorisera la fraude, soit en recevant des présents, soit de toute autre manière, sera mis en jugement et condamné aux peines portées par le Code pénal contre les fonctionnaires publics prévaricateurs.

ARTICLE 86.

Les Préposés de l'Octroi qui seraient signalés comme remplissant mal leurs fonctions, ou comme ayant donné lieu à des plaintes graves, pourront être suspendus par le Préfet ou même révoqués par lui. Le Directeur général des Contributions indirectes pourra. pour les mêmes motifs, provoquer la révocation de ces agents.

ARTICLE 87.

Les Préposés de l'Octroi sont placés sous la protection de l'autorité publique. Il est défendu de les injurier, maltraiter, et même de les troubler dans l'exercice de leurs fonctions, sous les peines de droit. La force armée est tenue de leur prêter secours et assistance toutes les fois qu'elle en sera requise.

Dispositions Générales

ARTICLE 88.

Tous les registres employés à la perception et au service de l'Octroi seront fournis par la Régie des Contributions indirectes; la dépense lui en sera remboursée par la commune ; les perceptions ou déclarations y seront inscrites sans interruption ni lacune. Les expéditions qui en seront détachées seront marquées du timbre des Contributions indirectes, dont le prix, fixé par la loi, sera acquitté par les redevables, et le montant versé dans les caisses de cette Administration aux époques et de la manière qu'elle indiquera.

ARTICLE 89.

Les registres servant à la perception des droits d'entrée sur les vins, cidres, poirés, hydromels, esprits et liqueurs et sur les huiles non minérales, aux déclarations de passe-debout, de transit, d'entrepôt et de sortie pour les mêmes boissons et liquides ; ceux qui sont employés pour recevoir les déclarations de mise à feu de la part des brasseurs et distillateurs ; enfin les registres portatifs tenus pour l'exercice de redevables soumis en même temps aux droits d'Octroi et à ceux dus au Trésor, seront communs aux deux services.

ARTICLE 90.

Dans tous les cas non prévus au présent Règlement, on s'en référera aux lois et aux règlements généraux en vigueur sur les octrois.

TARIF

DE

L'OCTROI

DE LA

VILLE DE VERDUN

Numéros d'ordre	OBJETS ASSUJETTIS AUX DROITS	Mesures Poids et Quantités	Droits à percevoir
	Chapitre 1er. — Boissons et Liquides		
1	Vins en bouteilles	La bouteille	0 10
2	Vinaigres contenant 8 % d'acide acétique et au dessous	L'Hectol.	8 »
	Chapitre 2. — Comestibles		
3	Viandes dépecées de bœufs, vaches, taureaux, godins, génisses, agneaux et chevreaux, provenant d'animaux abattus à l'intérieur ou provenant de l'extérieur	Les 100	13 »
4	Viandes dépecées de veau, provenant, etc.	id.	15 »
5	Viandes dépecées de mouton, provenant, etc.	id.	15 »
6	Viandes dépecées de chèvre, provenant, etc.	id.	5 »
7	Viandes de porc, lard, graisses animales ou végétales autres que le beurre et conserves de viandes	id.	8 »
8	Cochon de lait	id.	0 90
9	Abats et issues frais, cuits ou salés	id.	6 »
10	Charcuterie	id.	10 »
11	Charcuterie fine	id.	20 »
12	Truffes, pelures de truffes, volailles et gibier truffés, pâtés de foie gras, terrines et pâtés truffés	Le kilog.	1 20
13	Lapins domestiques et de garenne	La pièce	0 30
14	Lièvres	id.	0 75
15	Faisans, dindes et coqs de bruyères, paons, outardes et cignes	id.	0 50
16	Oies sauvages, oies domestiques	id.	0 50
17	Canards sauvages	id.	0 40
18	Perdrix, bécasses, gélinottes, sarcelles ou arcanettes, pintades et canepétières	id.	0 30
19	Canards domestiques, poulets, coqs, poules, poules d'eau, morelles et pilets	id.	0 25

OBSERVATIONS

1. — Pour la perception, la bouteille commune est considérée comme litre, et la demi-bouteille comme demi-litre, en ce qui concerne les vins. (*Art. 145 de la loi du 28 Avril 1816*).

2. — Les vinaigres contenant de 9 à 13 % d'acide acétique seront imposés à raison de 1 franc par degré d'acétimétrie.

Les conserves au vinaigre avec ou sans liquide, seront imposées d'après le poids ou le volume total.

Le vinaigre contenu dans la moutarde est taxé pour la quantité indiquée sur l'expédition, à défaut, à raison de 1 litre pour 2 kilogrammes de moutarde. Le verjus est assimilé au vinaigre et taxé dans la même proportion.

L'acide acétique, les vinaigres de toilette et les vinaigres au-dessus de 13° seront frappés à l'entrée de sept fois la taxe du vinaigre ordinaire.

3. — Les jeunes chevreaux présentés vifs à l'entrée seront imposés à raison de 4 kilog. de viande par tête.

Viandes dépecées. — Seront soumises à la même taxe par espèce de viande, qu'elles soient crues ou cuites, toutes les parties d'animaux entrant dans la consommation alimentaire, telle que la langue, le foie de tous les animaux, la tête et les pieds de porc et de veau ; les autres parties paieront comme abats et issues.

7. — Ne sont considérées comme conserves de viande taxées à huit francs que les viandes de boucherie ayant subi simplement la mise au sel. (*Type conserve de la troupe*).

10. — Sous cette dénomination, on comprend toutes les préparations de viande de porc qui ne constitue pas un comestible commun. Cette taxe atteint les articles de luxe, tels que les saucissons de toutes sortes, la tête pressée, les rillettes, le jambon, qui, bien que simplement salé ou fumé, sort de la catégorie des viandes ordinaires. Le jambon faisant partie d'une moitié de porc, sera compté pour un tiers du poids total.

11. — Les saucissons de Lyon, d'Arles et les jambons d'York et similaires ou autres jambons renfermés dans des boîtes hermétiquement closes seront considérés comme charcuterie fine.

13-16-19. — La volaille dépecée est imposée à raison de 20 centimes le kilog., et le lapin 15 centimes.

Les poussins et canetons dont le poids n'atteint pas deux cents grammes ne paieront que les deux cinquième de la taxe.

Numéros d'ordre	OBJETS ASSUJETTIS AUX DROITS	Mesures Poids et Quantités	Droit à percevoir
	Comestibles (Suite)		
20	Cailles, vanneaux, pluviers, râles, pigeons, tour-terelles, ramiers, bécassines, grives, merles, geais et plongeons...........................	La pièce	0 10
21	Alouettes et ortolans............................	Le cent	2 50
22	Petits oiseaux.................................	id.	1 »
23	Sangliers, chevreuils, daims, autres animaux considérés comme gros gibier, dépecés ou non et tout autre gibier ou volaille non désignés aux articles précédents........................	Le kilog.	0 30
24	Homard, langouste, crevette dite bouquet, es-turgeon, turbot, bar, barbue, sole, surmulet ou rouget-barbet, mulet......................	id.	0 20
25	Raie (à l'exception des raies communes, raies St-Pierre, raies-terre, raies-souris) merlan, maquereau, congres, dorade Saint-Pierre ou poule de mer, sole perdrix, limande, liman-de sole, carlet ou plie, lotte ou marache, ras-casse, langoustine, crevette grise, coquille Saint-Jacques...............................	id.	0 04
26	Huîtres fraîches ou marinées.....................	id.	0 20
27	Ecrevisses....................................	id.	0 30
28	Truite, brochet, goujon, perche, anguille, om-bre chevalier, barbeau, tanche et grenouilles	id.	0 20
29	Tous autres poissons d'eau douce..............	id.	0 10
30	Beurre de toute espèce, frais ou fondu, salé ou non.......................................	id.	0 15
31	Fromages communs du pays et fromages de Void, d'Angelot et de Limbourg	id.	0 10
32	Tous les autres fromages.......................	id.	0 15
33	Conserves de gibier et de volailles, pâtés et foies non truffés.............................	id.	0 60
34	Conserves de thons, sardines, anchois, homards saumons et toutes autres conserves de pois-sons à l'huile ou au vin......................	id.	0 20
35	Autres conserves, extraits de viandes solides ou liquides, pulpes de fruits dans leur jus, poires et pommes tapées, olives, fruits sécs de table, tels que raisins, figues, dattes, pru-neaux, noisettes, amandes, cèpes, etc., légu-mes exceptés................................	id.	0 15
36	Conserves de légumes par la dessiccation ou à l'eau......................................	Le kilog.	0 10
37	Oranges, citrons, limons et grenades............	id.	0 10

OBSERVATIONS

23. — Si les sangliers, chevreuils, etc., sont présentés en entier il sera fait une déduction de un quart de poids.

25 — La morue salée, le maquereau salé; le stockfisch, le hareng saur ou salé ne sont pas imposés.

26 — Les portugaises paieront demi-droit.

28-29. — Le pêcheur à la ligne sera affranchi de la taxe pour le poisson provenant de sa pêche jusqu'à concurrence de 1 kilog. ; au dela de cette quantité, le tout sera imposé.

31. — Seront taxés comme fromages communs tous les fromages du pays qui n'ont pas une dénomination particulière. Le fromage à la pie et le fromage fondu ne sont pas imposés.

32. — Sous cette désignation sont compris les fromages de Brie, Neufchâtel, Emmenthal, Gervais, Gérardmer, Gruyère, Hollande, Mont-d'Or, Port-de-Salut, Roquefort, Marolles, etc., et leurs similaires. Les fromages secs sont seuls imposés.

33-34-35-36. — Sont considérés comme conserves, tous les poissons, volailles, gibier, marée, fruits et légumes à l'huile, au vinaigre, au sel, et généralement tous ces objets enfermées dans des boîtes sou-dées, dans des flacons ou autres vases clos hermétiquement ; elles acquitteront le droit selon la catégorie à laquelle e les appartiennent. Les cornichons au sel seront taxés comme les légumes. Les extraits et jus de viande et bouillon concentrés à l'état concret ou en tablettes seront soumis à une taxe cinq fois plus élevée.

Les confitures, fruits conservés au sirop, jus et pulbes sucrés ne sont pas imposables. Les fruits à amande lorsqu'ils sont introduits dé-cortiqués seront faappés du double droit.

Les fruits destinés à la fabrication des vins et cidres de ménage ne sont pas imposables.

Poids. — Quand les objets taxes à la pièce seront présentés à l'état de viande dépecée, ils acquitteront le droit dans la proportion indiquée dans le Tarif général.

Numéros d'ordre	OBJETS ASSUJETTIS AUX DROITS	Mesures Poids et Quantités	Droits à percevoir
	Chapitre 3. — Combustibles		
38	Bois à brûler dur	Le stère	1 75
39	Bois à brûler tendre	id.	1 20
40	Bois de charbons et écailles	id.	0 80
41	Fagots	Le cent	3 »
42	Fascines	id.	2 50
43	Faguettes	id.	1 50
44	Charbon de bois et ses dérivés, charbon artificiel	Le 100 k.	2 »
45	Braise	id.	0 50
46	Houille, coke, tourbe, anthracite, lignite et toute composition pouvant remplacer le charbon de terre	id.	0 40
47	Huile minérales de toutes sortes et essences	id.	2 75
48	Suifs et graisses non fondus pouvant servir à la fabrication de la chandelle	Les 100 k.	6 »
49	Suifs et graisses fondus, et toute matière grasse non comestible	id.	8 »
50	Chandelles	id.	8 »
51	Cire blanches ou jaunes, cierges	id.	20 »
52	Bougies, acides stéariques et margariques, et toute substance pouvant remplacer la cire	id.	16 »
	Chapitre 4. — Fourrages		
53	Foins et fourrages de toute espèce	Les 100 k.	0 80
54	Pailles de toute espèce	id.	0 60
55	Avoine	id.	1 50

OBSERVATIONS

38-39. — Ne sont considérés comme bois de chauffage que ceux fendus ou coupés dans les longueurs en usage, et impropres à toute espèce de travail.

Pour la désignation des bois à essence dure ou tendre, voir les observations relatives aux matériaux.

41. — Sont affranchis des droits, les fagots de bois mort entrant à charge d'homme.

42. — Sous le nom de fascines, on veut désigner les cotrets, les fagots de pellereau et de rondins.

43. — Les faguettes ne devront pas se composer de bois ayant plus de huit à neuf centimètres de circonférence.

45. — La braise est le nom donné au petit charbon de bois éteint: braise de boulanger, de four à chaux, etc.

46. — Le coke fabriqué à l'intérieur, avec du charbon de terre qui a acquitté les droits, sera affranchi de la taxe.

51. — Les cires végétales sont taxées comme cire. La cire en branche ne paiera que le tiers de la taxe; la cire gaufrée est exonérée.

52. — Toute espèce de bougie, quelle soit sa composition, est soumise à ce droit; il en est de même du spermaceti ou blanc de baleine. Le spermaceti brut ne paiera que demi-droit.

53. — Les fourrages verts sont exempts de tout droit. Les fourrages nouveaux en branches, introduits au moment de la récolte, subiront une déduction de 15 % sur le poids.

54-55. — Pour la perception, une gerbe de dix kilog. au plus de blé, seigle, orge ou avoine, représentera deux kilog. de paille. La gerbe d'avoine représentera en outre un kilog. pour le grain.

La perception sur les gerbes provenant de moissonneuses-lieuses sera calculée dans les mêmes proportions.

Numéros d'ordre	OBJETS ASSUJETTIS AUX DROITS	Mesures Poids et Quantités	Droits à percevoir
	Chapitre 5. — Matériaux		
56	Bois en grume au quart réduit d'essence dure.	Le m. cube	4 50
57	Bois en grume au quart réduit d'essence tendre	id.	3 20
58	Bois équarris de charpente et bois de sciage, d'essence dure	id.	5 50
59	Bois équarris de charpente et bois de sciage, d'essence tendre	id.	4 50
60	Bois ouvrés, essence dure	id.	6 50
61	Bois ouvrés, essence tendre	id.	5 »»
62	Ardoises pour toitures, ardoises factices non métalliques, ardoises en fibro-ciment	Les 100 k.	1 70
63	Plaques, dalles, panneaux et carreaux d'ardoise	id.	0 60
64	Briques pleines ou creuses, tuiles, carreaux et bordures de jardin, en terre or inaile	id.	0 25
65	Briques et objets en terre réfractaire, tuiles à emboitement boisseaux, wagons, mitres, objets de faitage en terre ordinaire non décorée, tuyaux, tuiles, briques, carreaux, bordures de jardins vernissées ou émaillées et agglomérés de toute nature entrant dans les constructions immobilières	id.	0 60
66	Plaques, dalles, carreaux en céramique, décorés, en grés, porcelaine, faïence ou objets de faitage avec décoration ou ornements, vernisses ou émaillés, en grès ou en porcelaine	id.	1 20
67	Appareils sanitaires, éviers, lavabos, baignoires etc en faïence grès ou porcelaine	id.	2 »»
68	Chaux et plâtre	id.	0 60
69	Ciment de Portland, de Vassy, cimentaline plaialine, métalline et autres ciments de toute espèce, ciment de laitier excepté	id.	1 20
70	Ciment de laitier	id.	0 70
71	Marbres et granits	Le m. cube	15 »»
72	Pierre de taille dure, brute ou ébauchée, pierre factice cubant au moins 0 m. 031	id.	4 »»
73	Pierre de taille tendre (dite gélive) formes et dimensions comme à l'article précédent	id.	3 »»
74	Moëllons, pierres brutes ou ébauchées de 0m030 et au-dessous	id.	1 20
75	Blocages de toutes pierres, pavés de pierre chaline, de granit ou de quartz, sable siliceux, cailloux et tuile pilée	id.	0 60
76	Sables ordinaires, gravois, pierres cassées	id.	0 40

OBSERVATIONS

56-57. — Suivant l'usage du pays, les bois en grume seront mesurés au quart réduit, c'est-à-dire en multipliant le quart de la circonférence par lui-même, et le produit par la longueur.

58-59. — Les bois dépouillés de leur écorce seront mesurés au cube réel, c'est-à-dire suivant les principes de la géométrie, et ils acquitteront la taxe ci-contre. Les lattes et échancillons sont imposés comme bois de sciage suivant leur essence.

60-61. — Sous la dénomination de bois ouvrés, on comprend les bois ne dépassant pas dix centimètres d'épaisseur, ayant subi un travail autre que celui produit par la hache ou la scie.

56 à 61. — Lorsqu'un chargement sera composé de bois d'œuvre de différentes longueurs, largeurs ou épaisseurs, et que l'introducteur ne remettra pas une note détaillée et récapitulative, le cubage sera fait sur le volume brut, sans que la déduction pour les vides puisse excéder un dixième.

Néanmoins, si des bois ouvrés présentaient des difficultés pour le cubage, ils seraient comptés, soit à l'entrée, soit à la sortie, à raison de 900 kilog. pour un mètre cube de bois dur, et de 500 kilog. pour un mètre cube de bois tendre.

Ne sont imposés que les bois destinés aux constructions immobilières ; en cas de doute sur la destination de bois non manifestement destinés à d'autres usages, il y aura lieu d'accorder l'entrepôt.

Les bois et planches de déchirage seront imposés comme bois à brûler selon leur essence, lorsqu'il sera établi qu'ils ne peuvent plus entrer dans la construction.

Ne sont considérés comme bois tendre que le peuplier, le sapin, l'aulne, le saule, le tilleul, le maronnier, le bouleau et le tremble.

65. — Les tuyaux de drainage ne sont pas imposés.

68. — La chaux destinée à l'amendement des terres sera exonorée. Les mortiers sont imposés pour la proportion de chaux et de sable qu'ils contiennent.

69. — Les tuyaux et autres objets en ciment, non spécialement désignés au tarif, sont soumis à cette taxe, pour les objets en ciment armé ou en béton armé, les fers et aciers sont imposés à part.

71. — Lorsque le cubage du marbre présentera des difficultés, la taxe sera appliquée au poids à raison de 2.700 kilog. par mètre cube. Les marbres qui font partie des meubles ne sont pas imposables, pas plus que les meubles eux-mêmes.

74-75. — Pour les moëllons et blocage de pierre dure, la déduction pour les vides ne pourra excéder un cinquième du volume brut.

76. — Les sables, cailloux et gravois employés à la confection et à la réparation des chemins publics sont seuls affranchis de la taxe.

Numéro d'ordre	OBJETS ASSUJETTIS AUX DROITS	Mesures Poids et Quantités	Droits à percevoir
	Matériaux (suite)		
77	Fers fontes, métal Bessemer ou fer aciéreux et cuivre pouvant servir aux constructions immobilières.	Les 100 k.	3 50
78	Zinc en feuilles et en tuyaux pouvant servir aux constructions immobilières.	id.	4 »»
79	Plomb en feuilles ou en tuyaux pouvant servir aux constructions immobilières.	id.	4 »»
80	Verres à vitres, tuiles. dalles et tablettés en verre.	id.	3 50
81	Glaces étamées ou non.	id.	10 »»
	Chapitre 6. — Objets divers		
82	Savon ordinaire de toute nature.	Les 100 k.	6 »»
83	Sel de soude, cristaux, lessives. panamine, borax, alun et tous produits solides à base de soude ou de potasse.	id.	2 50
84	Savons de toilette et de parfumerie, produits de parfumerie, eaux, essences, extraits. huiles vinaigre de toilette non alcooliques, crémes, poudres, pâtes dentifrices, cosmétiques, pommades de toilette. teintures, lotions, vaseline, et glycérine parfumés.	id.	25 »»
85	Vernis de toute espèce autres que ceux à l'alcool imposable. huiles siccatives, blanc de céruse et de zinc et autres couleurs préparées en pâte ou liquides, essences de toute nature et tout liquide pouvant être considéré comme essence.	id.	10 »»
86	Goudrons liquides, carbolinéum, bitume, asphalte) brais de toutes sortes, papiers bitumés. mastics divers, résidus provenant de la houille. du gaz et de toute autre matière organique, ocres et toutes couleurs en poudre.	id.	2 50

OBSERVATIONS

77. — Les fers, fontes et fers aciéreux imposés sont ceux qui remplacent le bois, la pierre ou la brique, et notamment les fers à T ou à double T et en equerre, rails, porte-rails, solives, portes, pièces pour combles. marches et rampes d'escalier, appuis de croisées, balcons, crémones, âtres, plaques, panneaux, grilles, colonnes, tuyaux, conduites et descentes d'eaux, cuvettes ou appareils mod res, éviers, bornes, chasse-roues, fonte d'ornements, candélabres et consoles à gaz, et autres pièces en fer, en fonte et fers aciéreux ou métal Bessemer, façonnés de toutes formes et de toutes dimensions, pouvant entier dans les constructions immobilières. Le cuivre est atteint dans les mêmes emplois.

78. Cette taxe atteint le zinc estampé, les tuyaux Châmeroy, les garnitures de fenêtres et en général les objets en zinc préparé pour la construction.

77-78-79. — Si d'autres métaux bruts ou façonnés, pouvant être employés indistinctement dans des constructions immobilières ou dans la fabrication d'objets mobiliers sont presentés, à l'entrée l'introducteur pourra éviter le paiement de la taxe en réclamant l'entrepôt à charge par lui de justifier que les dits materiaux n'ont pas été employés à la construction de bâtiments. murs, grilles, et autres objets indiqués ci-dessus. Le cuivre, le laiton et le bronze paieront double droit.

Les métaux entrant dans la construction des machines et de leurs organes de transmission sont exonérés de tout droit.

81 — Les glaces seront perçues au poids net ou à raison de 15 kilog. par mètre carré. Les glaces faisant partie des meubles ne sont pas imposables.

82-83.— Les savons additionnés d'une quantité de 50 % au moins en poids ou en volume de matières inertes. telles que sable, grès, argile. pierre ponce, sciure de bois, etc., ne pourront être imposés qu'au demi-droit.

84. — La taxe sera doublée sur les produits de parfumerie autres que les savons de toilette.

85. — Dans cette catégorie se trouvent comprises l'huile cuite et la benzine. Les couleurs préparées à l'eau paieront demi-droit.

86. — Le bitume factice pour pose de parquet ne sera imposé, déduction faite des matières étrangères qu'il contient que pour les 25 centièmes de son poids brut.

Dispositions générales

Les fractions inférieures aux quantités déterminées au présent Tarif, seront imposées proportionnellement.